13 JUIN 1866

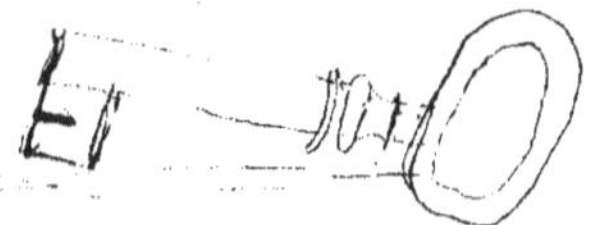

Vente du Mercredi 13 Juin 1866.

OBJETS DE CURIOSITÉ

DES XIVe, XVe, XVIe & XVIIe SIÈCLES

ÉMAUX BYZANTINS & DE LIMOGES

MARBRES, BRONZES, FERS FORGÉS, ARMES

MEUBLES EN BOIS SCULPTÉ & BELLES TAPISSERIES

OBJETS DIVERS

EXPOSITION PUBLIQUE : le Mardi 12 Juin 1866

Me CHARLES PILLET
COMMISSAIRE-PRISEUR.

M. FEBVRE
EXPERT

EXEMPLAIRE DE H. STETTINER

AF373627

RENOU & MAULDE

IMPRIMEURS DE LA COMPAGNIE DES COMMISSAIRES-PRISEURS

Rue de Rivoli, 144.

CATALOGUE
D'OBJETS DE CURIOSITE

DES

XIVᵉ, XVᵉ, XVIᵉ & XVIIᵉ SIÈCLES

Émaux byzantins & de Limoges,
Figures en bronze & marbre,
Horloges, Montres, Manuscrits,
Meubles & Bois sculptés, Fers forgés, Armes,
Belles Tapisseries, sujets de chasses
avec costumes de l'époque de François Iᵉʳ,
Autre Tapisserie armoriée;

DONT LA VENTE AUX ENCHÈRES PUBLIQUES AURA LIEU

HOTEL DROUOT, SALLE Nº 1

Le Mercredi 13 Juin 1866, à une heure et demie.

Par le ministère de Mᵉ **CHARLES PILLET**, Commissaire-Priseur,
rue de Choiseul, 11,
Assisté de **M. FEBVRE**, Expert, rue Laffitte, 12,
CHEZ LESQUELS SE DISTRIBUE CE CATALOGUE

EXPOSITION PUBLIQUE

Le Mardi 12 Juin 1866, de une heure à cinq heures.

PARIS — 1866

CONDITIONS DE LA VENTE

Elle sera faite au comptant.

Les Acquéreurs paieront CINQ POUR CENT en sus des Adjudications.

L'Exposition mettant le public à même de se rendre compte de l'état des Objets, il ne sera admis aucune réclamation, une fois l'adjudication prononcée.

DÉSIGNATION
DES OBJETS

ÉMAUX BYZANTINS & DE LIMOGES

1 — Chàsse byzantine d'une parfaite conservation offrant, sur le devant, en émaux de basses tailles, les figures de la Vierge, du Christ et de quatre apôtres; têtes en relief en cuivre non émaillé; le tout sur fond niellé et doré; sur les côtés, les figures en pied de saint Pierre et de saint Paul, entièrement émaillées; au revers en gravure et traits émaillés est représenté le martyre de saint Laurent; le haut avec galerie à jour est surmonté d'une croix. Très-belle pièce.

2 — Chàsse du xive siècle, en cuivre doré et gravé, avec émaux à champ-levé; sur le devant, quatre bustes d'anges; sur les côtés, deux autres anges; au revers, quelques cabochons et emplacements de figures et d'appliques (ces pièces manquent).

3 — Chàsse du xive siècle, ornée de plaques de saints et de cabochons enchâssés, le tout sur cuivre doré et gravé, le revers avec frises en cuivre estampé et argenté; le haut avec galerie cloutée.

4 — Petit fragment de chàsse du xive siècle, avec plaque émaillée représentant la mort de l'évêque de Cantorbéry.

5 — Châsse du xive siècle, offrant, en taille d'épargne, des anges ailés en cuivre doré et gravé sur des émaux de couleurs en champ-levé.

6 — Très-belle plaque byzantine du xive siècle avec fond bleu et vert en émaux de basses tailles ; au centre, la figure en applique d'une sainte nimbée portant une couronne de reine ; cette figure en cuivre doré et gravé.

7 — Reliquaire à pied ; le haut avec encadrement et épis en cuivre émaillé. Il porte sur le devant un blason aux armes de la ville de Mâcon.

8 — Custode byzantine en cuivre émaillé, xiiie siècle.

9 — Autre custode avec fleurs et inscription.

10 — Autre custode ornée de fleurs en cuivre doré et gravé sur émail bleu.

11 — Une autre avec arceaux et fond émaillé en couleur.

12 — Custode émaillée surmontée d'une croix.

13 — Une autre ornée d'inscriptions et de rosaces.

14 — Autre custode en cuivre doré, couvercle plat, xve siècle.

15 — Petite statuette en cuivre doré, xvie siècle.

16 — Émail de Limoges, xve siècle, plaque avec le sujet de la Résurrection du Christ.

17 — Autre émail du xve siècle : la Vierge priant.

18 — Autre émail du xve siècle, baiser de paix : la Mise au tombeau.

19 — Un autre, xve siècle : Jésus enfant.

20 — Médaillon hexagone en grisaille et chairs teintées : enfants tenant un blason.

21 — LAUDIN. Coupe lobée en émail de Limoges, ornée de fleurs polychrômes ; au centre, en grisaille, le sujet de saint Michel tuant le démon.

22 — NOUAILHER. Bénitier offrant , au centre, saint François stigmatisé.

23 — PAR LE MÊME. Plaque avec le sujet de la Sainte Famille.

24 — PAR LE MÊME. Mater Dolorosa.

25 — LAUDIN. Buste de Christ.

26 — Trois plaques : sainte Thérèse, un saint Charles et une sainte.

OBJETS DES XIVᵉ, XVᵉ, XVIᵉ & XVIIᵉ SIÉCLES

27 — Grande figurine de Vierge du XIVᵉ siècle, en cuivre doré, le manteau et la couronne ornés de cabochons.

28 — Cinq figurines d'apôtres. Travail du XIVᵉ siècle, en cuivre repoussé, doré et argenté.

29 — Ecce Homo. Figurine en bronze doré ; XVᵉ siècle.

30 — Figurine de Mater Dolorosa. Travail du XVᵉ siècle, en cuivre repoussé et doré.

31 — Petit reliquaire du XVᵉ siècle, en cuivre doré, supporté par deux figures de saints agenouillés.

32 — Autre reliquaire du XIVᵉ siècle, monté sur pied orné de cabochons.

33 — Petite horloge renaissance en cuivre doré et gravé.

34 — Horloge en cuivre doré du XVIe siècle, à cadran plat. Elle est de forme octogone, les côtés avec verres et mouvement apparent; le cadran est soutenu par huit bustes d'anges.

35 — Petite montre du XVIe siècle, en cuivre et à couvercle, le tour avec frise découpée à jour.

36 — Manuscrit sur vélin du XVe siècle, orné de neuf grandes miniatures : Scènes de la Passion.

37 — Groupe à haut-relief de la Vierge et de l'Enfant Jésus, XIVe siècle; marbre.

38 — Trois statuettes : un Evêque, saint Charles Borromée et Moïse. Travail en bronze doré, XVIIe siècle.

39 — Deux têtes de nègres en cuivre doré, XVIIe siècle.

40 — Deux Amours et une Minerve en bronze doré, XVIIe siècle.

BOIS SCULPTÉ

41 — Groupe de cinq figures, haut-relief : la Mise au tombeau; XIVe siècle.

42 — Autre groupe à haut-relief, anciennement doré, cinq figures : l'Évanouissement de la Vierge; XVe siècle.

43 — Autre groupe : le Christ portant sa croix; XIVe siècle.

44 — Autre groupe : le Christ frappé; XVe siècle.

45 — Autre groupe : deux Saintes priant; XVe siècle.

46 — Autre groupe : le Couronnement d'épines; XVe siècle.

47 — Figurine de sainte Cécile; XVe siècle.

OBJETS EN FER

48 — Deux appliques à trois branches contournées, ornées de feuillages, XVIIᵉ siècle.

49 — Figurine en fer forgé, heurtoir du XVᵉ siècle.

50 — Écoinçon en fer forgé, aigle entouré de rinceaux.

BRONZES ANTIQUES & AUTRES

51 — Figurine : Soldat romain portant un bélier.

52 -- Figurine : Hercule debout.

53 — Deux bustes de Minerve.

54 — Quatre figurines gauloises et autres.

55 — Chimère avec tête de roi couronné (Mérovingienne).

56 — Hercule debout tenant sa massue et la peau du lion de Némée. (Antique.)

57 — Figure antique romaine : Mercure debout (le bras droit manque).

58 — Grande plaque tumulaire en bronze. Pièce avec hiéroglyphes et figure de femme égyptienne.

59 — Brûle-parfums en bronze du Japon, avec médaillons d'oiseaux en relief; anses à têtes d'éléphants. Le couvercle avec chimère accroupie.

60 — BRONZE ITALIEN, XVIᵉ SIÈCLE :. Antinoüs, debout.

61 — ID. Bacchus jeune, debout.

62 — BRONZE ITALIEN, XVIe SIÈCLE : Lampe formée par une
tête de satyre ; pied à serres d'aigle, XVIe siècle.

63 — ID. Femme nue couchée, socle rectangulaire, ayant
à l'intérieur un encrier.

64 — ID. Petite statuette équestre de Marc-Aurèle,
XVIe siècle.

65 — ID. Cheval au trot, XVIe siècle.

66 — ID. Junon debout, figurine, XVIe siècle.

67 — Figurine : Esclave debout, XVIe siècle.

68 — ID. Heurtoir : Sirène au milieu de rinceaux,
XVIe siècle.

69 — ID. Heurtoir, formé par un mascaron, entre deux
dauphins, dont les queues supportent un écusson.

70 — ID. Grand heurtoir ; belle pièce représentant la figure
de Neptune entre deux chevaux marins.

71 — ID. Figurine : Jeune fille debout, tenant une co-
lombe ; époque de Louis XVI.

72 — ID. Mandarin debout ; bronze chinois.

ARMES

73 — Petite armure d'enfant de l'époque d'Henri IV.

74 — Cuirasse en fer gravé, XVIIe siècle.

75 — Grande épée espagnole, la garde à coquille.

76 — Épée à garde ciselée et à croisillons droits.

77 — Épée italienne du XVIe siècle ; belle garde en fer
ciselé.

78 — Petite épée de cérémonie en fer, incrusté d'argent.

79 — Autre épée de cérémonie; la garde et la poignée en argent à facettes.

80 — Coutelas persan de damas gris; manche en agate orientale.

81 — Petit couteau oriental; manche et fourreau en argent, arabe.

82 — Couteau de chasse, la garde en argent.

83 — Poignard Henri III, lame incrustée d'or, manche en ivoire offrant un groupe : Femme nue et debout tenant une rose et un cœur; près d'elle est un Amour.

84 — Poudrière en corne, xvie siècle; garniture en cuivre doré.

85 — Fusil espagnol.

FAIENCES DIVERSES

86 — Urbino. Grande vasque ornée à l'extérieur de plusieurs frises à feuillages; à l'intérieur, autre frise avec figures et arabesques; au centre, la figure de Pomone.

87 — Urbino. Plat ondulé orné du sujet de l'Age d'or.

88 — Hispano-Arabe. Grand plat à reflets métalliques, orné de feuillages dont quelques-uns en creux; ombilic saillant.

89 — Hispano-Arabe. Vase de forme ovoïde très-riche d'ornement, à reflets de cuivre.

90 — Pesaro. Vase cylindrique orné de bandes et de cinq frises à reflets métalliques.

91 — Plat en faïence dite de la Perse, orné de tulipes et d'œillets en émaux de couleurs sur fond blanc.

92 — MÈME FABRIQUE. Grande chope à anse ornée de médaillons en émaux de couleurs.

93 — MÈME FABRIQUE. Autre chope, même genre, mais plus petite.

94 — Plat portant la date de mil cinq cent, en terre émaillée, travail allemand ; au centre en relief sont les figures du Christ en croix et des saintes Femmes.

95 — MOUSTIER. Petite soupière; le bouton est formé par un fruit; décor de fleurs.

96 — FAÏENCE FRANÇAISE DE L'ÉPOQUE DE HENRI II. Grand plat à salières, orné de figures et de rinceaux sous émail jaune.

97 — MONTPELLIER. Fontaine et son bassin, décor de fleurs; monture en bois.

98 — HAGUENAU. Plat orné de fleurs et de feuillages en relief.

99 — MÈME FABRIQUE. Soupière décorée de fleurs, pied rocaille.

MEUBLES & OBJETS DIVERS

100 — Grande stalle gothique en bois sculpté.

101 — Grande horloge Louis XIII, la gaine en bois sculpté.

102 — Ancienne horloge flamande en bois découpé et peint.

103 — Reliure de bible en cuir gaufré; très-beau travail.

104 — Écran Louis XV en ancienne tapisserie; entourage en bois sculpté.

105 — Un sac de voyage en ancienne tapisserie.

106 — Ancienne encoignure en laque, orné de bronze.

107 — Deux cadres en bois sculpté de l'époque de Louis XVI.

108 — Une Jardinière Louis XVI en bois de rose.

109 — Une autre à peu près semblable.

110 — Fontaine chine, décor de frises et d'oiseaux en émaux vert et rouge.

111 — Déjeuner en porcelaine de Vienne, composé d'un grand plateau, deux pots, deux tasses et leurs soucoupes et deux petites corbeilles; décor lilas rehaussé d'or.

TAPISSERIES ANCIENNES

112 — Belle tapisserie des Gobelins, représentant, sur fond bleu fleurdelisé, deux anges en grandeur naturelle, soutenant une couronne de laurier qui entoure les armes de France et de Navarre; riche bordure avec groupe de fleurs et de fruits, puis les figures de la Paix et de la Justice, et des sceptres.

113 — Ancienne tapisserie de Flandre, représentant un Cavalier et un Chasseur à pied partant pour la chasse aux faucons. Ils sont précédés de leurs chiens. Ces personnages portent de beaux costumes de l'époque de François Ier. Très-riche bordure noire avec ornements, écussons et médaillons représentant les Quatre Éléments.

114 — Autre tapisserie, même genre que la précédente,
mais plus grande; elle représente un Paysage avec
chasseurs; à droite, un seigneur et une dame à cheval;
sur le devant, deux chasseurs, l'un tient un faucon,
l'autre se dispose à saisir un oiseau dompté par un autre
faucon; dans le fond, d'autres chasseurs à cheval et à
pied. Riches costumes de l'époque de François I⁰ʳ. Bor-
-dure à peu près semblable à l'autre tapisserie.

TABLEAUX

OUDRY (Attribué à)

115 — Deux dessus de portes, représentant des tables avec
mets et ustensiles.

FRAGONARD (Genre de)

116 — Deux Amours dans des paysages.

117 — Petit Portrait d'un sénateur italien, attribué à Bron-
zino.

118 — Sous ce numéro, les Objets non catalogués.

Renou et Maulde, imprimeurs de la Compagnie des Commissaires-Priseurs,
rue de Rivoli, 144.   53122

www.ingramcontent.com/pod-product-compliance
Lightning Source LLC
Chambersburg PA
CBHW071311130726
47998CB00003B/1423